Erwin und Hannelore • Formen unserer Liebe in der Gnade des Schicksals

Edition AVRA

ERWIN UND HANNELORE

Formen unserer Liebe in der Gnade des Schicksals

Bibliografische Information der Deutschen Nationalbibliothek
Die Deutsche Nationalbibliothek verzeichnet diese Publikation in der Deutschen Nationalbibliografie; detaillierte bibliografische Daten sind im Internet über http://dnb.d-nb.de abrufbar.

Rheinstraße 46, 12161 Berlin
Telefon: 0 30 / 76 69 99-0
www.frieling.de
ISBN (Print): 978-3-8280-3753-3
1. Auflage 2023
Bildquelle: pixabay

Printed in Germany

INHALT

Als ich die Liebe suchte...

Ich suche ein Gefühl der wahren Liebe!
Manchmal schmerzt es dermaßen,
dass ich glaube, es nicht mehr aushalten zu können,
denn ich glaube, dass das Leben ohne dieses Gefühl sinnlos ist!

Manchmal trägt es mich
– leicht und beschwingt – wie auf Flügeln,
um mir dann wieder den Abgrund seiner Grenzen zu zeigen.
Dann sehe ich sehr klar,
was wahr und unwahr,
was erstrebenswert, oder überflüssig ist,
was zur echten Freude, oder bedrückendem Genuss führt,
erfüllt, oder die Erfüllung versagt.
Dann bin ich das Gefühl – und steige aus –

Es ist so intensiv,
dass ich die Belastung meiner Umgebung vergesse
– meiner jetzigen, geräuschvollen, aggressiven,
mich immer wieder anzugreifen suchenden Umgebung –
dann bin ich so frei, wie z.B. jemand,
der gestorben ist und von dem es heißt
„Er ist in den ewigen Frieden eingekehrt"
dann bin ich so übermütig ob diesen überschwänglichen
Gefühls,
dass ich versuchen möchte, es mit Allen zu teilen
– In Bildern zu übermitteln –
damit die Last dieser Welt erträglicher wird.

Aber sie können es nicht verstehen,
weil sie wie betäubt sind und dazu mich noch so sehen,
als ob ich es wäre
weil sie den Begriff der Veränderung nicht verstehen,
das harmonische Ineinanderfließen von allem Wissen,
das da – jederzeit erreichbar existiert,
dass sie selbst, in jedem Augenblick die Veränderung sind,
Teil davon, in dem Maße ihrer Einsicht
wie Wolken, die vom Wind getrieben schweben,
sich vermischen, teilen, scheinbar ziellos,
aber doch koordiniert über den Horizont gleiten.
Den Horizont der Erkenntnis.
Denn alles, was denkbar ist, ist möglich,
selbst das Unmögliche, das nicht denkbar ist...
Wie ein Teig, der da ist,
aus dem jederzeit ein Kuchen entstehen kann,
oder die Teile, die um den Teig herzustellen nötig,
da sind, und wiederum die Teile,
die um die Teile der Teile herzustellen notwendig da sind
... Notwendigkeit und Voraussetzung,
die miteinander spielen, harmonieren,
Kinder eines ewigen Gesetzes,
Gesetz unserer Herkunft,
geschaffen vom Ursprung, jenem, unserem, uns liebenden
Gott!...

Das Gefühl der Weite,
der Sterne
– Intensiv –
wie fühl' ich es gerne

umfassend, durchdringend, ausgerichtet
wie ein Verdurstender,
der die Quelle sichtet,
unendlich rein und klar,
beherrschend und wahr...

Liebe, wie oft hab' ich dich gesucht
– dachte, du müsstest immer für mich da sein,
wollte dich ganz –
Nicht nur im Bett, oder beim Tanz
und ohne dich so früh und bitter einsam!

Und wenn's so schien
als hätt' ich dich erwischt,
rücktest du in weite Ferne
und bist mir doch entwischt!...

Das hat mich oft enttäuscht,
der Schuld bei Anderen gesucht,
während du doch immer da,
bloß ich der Blinde,
der dich nicht mehr sah!

Liebe, so früh hab' ich dich schon gekannt,
erst mit verschiedenen Namen genannt,
doch scheinbar nur, hast du dich verändert
– denn... in Wirklichkeit war ich's –

Und du, doch immer die Gleiche,
liebtest mich brüderlich,

während ich abseits deinem Reiche,
gekehrt mit dem Gesicht zur Wand,
nicht wissend, dass uns die Sehnsucht verband!

Liebe, ich wollte dich innerlich
– denn ich wollte nicht mehr durch dich leiden,
„Besinnung will sich ständig läutern,
wer nichts an sich heranlässt,
zu dem wird auch nichts finden.“,
sagtest du und offenbartest dich mir,
in ewig neuen Weiten –

Liebe, dann hast d u mich geführt:
„Es zählt nur das, was immer ist!“
– Jetzt sind wir Freunde –
Und unsere Beschäftigung?
Stetige Gedanken der Läuterung!

„Ich werde dir eine Einsicht schenken,
sie soll dich immer begleiten“,
sagt die Liebe und trägt mir ein Gedicht vor:
„Ein Geschenk
ist wie knospende Blüten
an einem Baum, der noch im Winterreich
– Ein grünend kahles Etwas –
aus dem Himmelsbereich
von Sinn und Glück
noch nicht eingefangen,
des starren Krampfes der Realität,
nachgemacht von tausend Sonnen.

Ein Geschenk, behutsam, jungfräulich,
unangetastet, nur geboren
von dem, der es für dich auserkoren
– Und damit einmalig –
Ein Geschenk ist für dein innerstes ‚Ich',
denn der Kern des Geschenkes
beinhaltet... mich!"

Lange Zeit sitze ich noch regungslos da
und Tränen rollen vor dem inneren Auge,
denn ich erhielt mein schönstes Geschenk:
Ihr Wesen...

Mit glühendem Herzen wandere ich weiter,
erlebe einen Zeitsprung,
sehe mich als Greis,
erfüllt am Ende meiner Tage
und voller Dankbarkeit eine neue Welt erblicken...
Ich hab' die Liebe gefunden!

Schicksal als Chance

„Wir werden uns immer wieder fragen,
wer sich für uns zwei einsetzt…“
„Wenn wir Glück haben,
setzen sich unsere Kinder für uns ein…“

Du bist sehr lieb mein Schatz – ich danke Dir!
Du siehst ja diese Tage – ständig diese Extreme…
Und immer was Neues – niemals Ruh!…

Wozu, frage ich mich?
Niemand wartet auf mich – außer Dir!
Für wen mache ich das hier – Warum?
Es gibt keinen Dank und keine Liebe – schon jahrelang…
… und das soll noch normal sein?

Darum bin ich bei Dir,
weil Du anders bist
und weil ich Dich kenne…
… und mich mit Dir immer wohlgefühlt hab‘
und weil dann bei uns alles einfach und normal ist…
Wo soll das hin, wenn es hier immer so weitergeht…
Das bringt doch nichts mehr,
du erlebst doch selbst diese Müdigkeit
du siehst ja, wie es hier für mich ist…

Das Wort, das ich hier einmal gab,
war nicht mit dieser Aussicht geschehen…

darum fühle ich mich hier betrogen...
weil es keine Hoffnung gab, niemals...
und auch keine andere Aussicht...

Mit Dir aber, habe ich Hoffnung
und das Schicksal gab uns die Chance,
uns gemeinsam zu befreien...
Und es schenkte uns sogar noch viel mehr:
Dieses neue Gefühl,
welches das Schönste ist,
von dem, was ich bislang mit Dir erleben durfte...

Und so wurde mein Leben wieder wertvoll...
– weil es Dich mir sogar wieder schenkte –
und durch Dich auch einen Ausweg...
Einen neuen Weg, gemeinsam zu gehen...
– und das Glück gemeinsam zu teilen –

Unser Glück, das uns das Schicksal gönnt!
Durch die Liebe!
Und das tun wir auch!

Wir sind ja auch schon dabei...
Letzte Chance für uns zwei...
In diesem Leben...

Und diese letzte Chance werden wir nutzen.
Es wird das Beste sein
und die einzige Lösung,
darum bin ich voller Zuversicht...

Sommernachtstraum

Ich erinnere mich so gern daran,
mit dem Zeigefinger Deine Augenbrauen gestreichelt,
oder Deine Wangen berührt zu haben...
– Und wie Du mich dann immer angesehen hast!
Das Bild sehe ich jetzt noch vor mir
und genauso wollte ich es mir ja auch einprägen... –

Damit ich mich immer daran erinnern kann...
– so, als ob es auch jetzt wäre –...
Und so haben wir unsere schönen Erinnerungen...
die uns nichts und niemand nehmen kann...

– Erinnerung ist das Gegenteil von Zukunft –
Und die Zukunft ist das Werden...
und das steht doch immer an...
– Unser Morgen –

Und mit Dir ist es immer schön!
Schön, wie die Gewissheit und das Erlebnis
mit Dir beisammen zu sein
– und von Dir geliebt zu werden –
und das ist sehr erhebend !
Schon das erste Plus.

Das Wiedersehen ist dann unbeschreiblich
und dann fehlt nichts mehr...
Und das ist unsere Sehnsucht

und diese Hoffnung lebt
und sie erfüllt sich auch!

Und später ist es Glückserinnerung
– Unvergänglich ewig –
Und das ist unser Weg bis zum Ziel,
unsere Augenblicke,
wie ein mit Glückssteinen gepflasterter Weg.
In einer grandiosen Landschaft,
mit einem weiten, endlos klaren Horizont
und in einer Weite, die unseren Seelen gleicht
und da stehen wir winzig klein,
wie Puppen des Schicksals und halten uns bei der Hand
und staunen über das überschwängliche Gefühl,
das uns die Liebe in die Herzen legte!

Und als wir uns umarmen,
da jubilieren die Vögelein mit ihrer schönsten Musik
um uns herum und alles ist so leicht.

Wie schwerelos stehen wir beisammen,
ganz ohne Gewicht
und der Natur um uns herum
gefällt das sehr,
denn sie sieht uns wie im Gleichklang vereint
und das ist absolute Harmonie,
unser Wegweiser,
auf unserem entdeckten und eingeschlagenen Weg.

Und die Entfernung grüßt.
Plötzlich sind wir uns so nah!
Und das ist das wahre Glück,
denn dies ist unsere Bestimmung!
Amen!

Und wir küssen uns heiß, ganz voller Liebe
und die Liebe kommt in Wallung.
So vereinen wir uns wie gottgeschaffen
und die friedliche Zukunft der Welt ist angebrochen...

Und das schafft einzig und allein, nur unser Gott
die Liebe!
– Auf ewig werden wir beisammen sein –

Ein schöner Schmusetanz,
der lullt uns richtig ein.
Mit meiner Nase in deinen Haaren
und den Hals küssen und so...
und kuscheln gehen.
Den Rücken abküssen und alles,
was ich sonst noch finde und sich ergibt.

Wir haben schon unsere schönen Augenblicke,
weil wir gemeinsam
auch die benötigte Muße dazu haben und auch finden!
Und die Gewissheit unserer Einigkeit...

Wir leben und lieben unser Gemeinsamsein.
Wir gehören uns.

Wir glauben daran.
Wir leben unsere Liebe.
und die Liebe liebt unser Leben.

Alles ok bei uns, das meinte ich.
Danke mein Schatz.
Ich liebe dieses Gefühl,
das nur Du mir schenkst
– Zeit und Gefühl sind bei uns gleich,
weil wir beisammen sind –

Und dann kehrt Ruhe ein.

Und darum ist es so himmlisch mit Dir!
Möge es endlos so sein und bleiben,
ich bete darum!

Du schenkst mir die Zuversicht!
– Amen –

Der neue Tag

Ich träum' vom neuen Tag mit Dir
und wäre er gleich schön!
Und dies' für jeden neuen Tag,
auf ewig sollte es so weitergeh'n!

Ich träum' vom ewigen Glück mit Dir
und doch leben wir dies' Glück bereits,
denn seit wir uns wiederfanden,
hat das Schicksal uns den Weg befreit...!

Ich bin so glücklich, lebe dieses Glück
schon mit Dir an meiner Seite,
denn von gestern auf das Heute,
fand ich wieder meine Lebensfreude!
Und diese Fügung von uns zwei'n
brachte uns den Liebesreim
und das neue Glücklichsein!

So tust Du mir absolut
im alten und im neuen Glücke gut
und im Glück der Ewigkeit zu treiben
sollte es für immer bleiben!

Mögen wir uns'ren Glücksplatz finden
und in uns'rem neuen Heim
auf ewig dort beisammen
– und auch den Reim zum Glücklichsein! –

Beisammensein

Ich denke daran, wie schön und wohltuend
unser Beisammensein stets ist!
Und ich frage mich,
wann es auch zum Dauerzustand werden wird?
Und ich finde keine Antwort drauf!
Muss wohl Schicksal sein!
Denn die Zeit läuft und wird ja immer weniger...
– Ungeachtet davon, dass sie nicht mehr zunimmt –
Denn die Lebenserwartung nimmt ja unweigerlich ab...

Wir sind zusammen in einem Traum,
der Wirklichkeit ist und auch Gegenwart hat für die Zukunft...
Eigentlich haben wir keine Zeit mehr, zum Warten,
zum Nachdenken oder zum Überlegen!
Wir leben gegen unsere Gesinnung,
die uns ja zusammenführen will...
– Eigentlich paradox –

Wir müssten eigentlich jünger werden, nach unserer Einstellung.
Aber tatsächlich ist es ja nicht so,
denn wir leben nicht im Traum,
wir träumen unser Leben
und doch ist es so,
wir träumen unseren Lebenstraum
– doch leben, tun wir bloß in der Phantasie. –

Wir phantasieren also unser Leben
und doch ist alles so schön mit Dir!
Egal wie, unsere Liebe akzeptiert jede Möglichkeit.
Das ist grandios!

Ich liebe Dich und bewundere unsere Liebe
und unsere Liebe macht das alles bedingungslos mit...
Unsere Liebe ist schon sehr erstaunlich mein Schatz!
Alles mit Dir ist unendlich schön!

Wir leben einen Liebestraum mitten im Leben.
Wir sind eingebettet in unserer Liebe,
die uns fürsorglich begleitet und beschützt!
Alle Achtung und Respekt!
Unsere Liebe versteht uns und steht uns bei!
Und das Leben verzeiht uns unsere Liebe!
Noch so ein Wunderaspekt!

– Egal wie, unsere Liebe lebt und ist und bleibt dabei! –
Liebe und Hoffnung sind die besten Freunde.
Ich liebe Dich!
Bin bei Dir mein Schatz.
– Bist bei mir – so wird es sein und bleiben!

Was Du mir bedeutest

Bin bei Dir mein Schatzi
– Ist schön mit Dir! –
Mein Leben ist schöner geworden.
So richtig mit Geschmack!

Du bist das Gute in meinem Leben!
Du bist das Geschenk meines Lebens!
Du bist zu meinem Glück geworden!
Du bist die Bereicherung meines Glücks!
Und das Leben hat wieder Sinn!

Wär' schön, jetzt mit Dir zu tanzen!
Du bist die ungekrönte Königin und Kaiserin mein Schatz!
Niemand kommt in der Liebe an Dich ran! Ehrlich!

Du:
„Schatzi Du bist auch mein Glück,
Du bedeutest mir Alles!
Schatzi und Du bist mein Leben!
Schatzi, was ich für Dich bedeute,
was Du für mich empfindest,
ist einzigartig und ich möchte mich dafür ganz herzlich und liebevoll bedanken!
Das bedeutet mir so unendlich viel!
Du solltest das wissen, denn es bedeutet mir Alles!
Danke mein Schatz, Du bist alles für mich!
In Liebe, Deine Hanne!"

Hochsommerglück

Dein Kopf an meiner Schulter würde mir jetzt so wohltun!
Deine Haare fühlen,
deinen Hals küssen,
deine geliebten Lippen berühren
und Deinen Mund bei dem meinen wissen!

Und Deine geliebten Wangenknochen
mit dem Zeigefinger ertasten
und zärtlich drüberfahren
und Dein zärtlicher Blick
und Deine geliebten Augen, fragend so nah
und fordernd, was Dir zusteht!

Uns aneinanderdrücken und schmiegen,
Dein Knie küssen
und die tollen, roten Zehen kitzeln.
Dich an mich drücken und Deine tollen Brüste spüren
und den Drang nach mehr in mir zu fühlen...

Uns gemeinsam nicht mehr einsam fühlen,
zu unseren Gefühlen stehen.
Die Liebe leben, wie sie fällt
– ist, was mir an Dir so gefällt! –

Im Rhythmus vibrieren,
unsere Liebe spüren
– Der Sehnsucht Sklave sein! –

Uns gegenseitig zu verführen,
das Glück unserer Nähe fühlen,
wie im Traum vereinigt sein!

Heut' Nacht, waren wir ineinander wieder so verliebt,
uns're Herzen haben miteinander gespielt.
– Wir waren auch so ungestört
und fanden die Welt so unerhört,
dass es sowas gibt! –
Und Alles war uns so leicht,
denn wir hatten Alles erreicht!

Und wenn unsere Sehnsuchtsaugen leuchten,
dass wir unsere Nähe bräuchten,
steht uns're Liebeswelt erneut in Flammen,
so wie sie anfangs, als wir damit begannen!

Unsere kostbarste Zeit

Diese Zeit, in der wir beisammen sind,
ist stets die kostbarste Tageszeit!
– Da wird alles Weitere uninteressant und zweitrangig...
bloß vorübergehende Momente –

Aber diese Zeit gehört uns
und weil ich Dich so sehr liebe,
liebe ich auch diese Zeit über alle Maßen!
– Unsere Liebe ist unsere Zeit! –

Du bist mir so unendlich wertvoll
und teuer, so wie unsere Liebe und unsere Sehnsucht
und das kann man nicht materiell aufwiegen,
und doch wiegen unsere Gefühle so viel mehr
und gehen dabei so bodenlos tief!

Das ist unbegrenzt und unterliegt
keinen weltlichen Gewichtsmaßen,
denn die Masse der Gefühle und der Liebe
lassen sich nicht in materiellen Werten
ausdrücken oder abwägen...

Die Tiefe des Gefühls der Zugehörigkeit unserer Liebe
bestimmt die Reinheit der Empfindung,
der Tiefe des Bedürfnisses unserer Seelen,
uns in der Sehnsucht so nahe und verbunden zu sein,
so nahe, wie wir uns eigentlich auch stehen...

Und wir leben unsere tiefe Verbundenheit
in unserer gemeinsamen Zeit
und genießen so die Tiefe unserer Liebe,
durch die gemeinsam genossene Befriedigung
im Glücksgefühl dieser Sehnsucht nach unserer Nähe!

So leben wir unsere Liebe eben, wie es uns möglich ist.
– Und die Liebe liebt unser Leben –
Darum begleitet sie uns auch unablässig,
weil sie uns nicht enttäuschen kann...
Sonst wär' sie es ja nicht!

Und wir, ihr treu ergeben,
so bleibt sie uns erhalten!
Und begleitet stets unsere Schritte,
in der Sehnsucht,
– Sich selber gewahr zu werden. –

So liebt sich unsere Liebe selber
und will sich gar nicht anders betrachtet,
empfunden und verstanden wissen.
So gibt sie sich uns preis
und lässt auch unser Selbst als Liebe erkennen.

So lebt die Liebe in uns, mit uns
und sind wir tot,
sucht sie sich ein neues Liebespaar,
in dem sie weiterleben kann.
So lebt sie ewig.

Unser Schicksal ist ok für diese Liebe.
Anders wär's bloß künstlich und nachgeahmt,
aber da gehören wir nicht hin oder dazu,
seit wir uns fanden...
Unser Zug, der fährt!

Wir sind sicher und gemeinsam
– Wir haben uns gefunden –
Wir sind am Ziel.
Wir haben das Leben und die Liebe.
Wir haben auch das Glück.
Wir haben wirklich Alles!
Amen!

Bin bei Dir mein Schatz!
Du bist die Gnade meines Schicksals,
die Liebe meines Lebens zu finden!

Guter Titel: `Die Gnade meines Schicksals!'

– FORMEN UNS'RER LIEBE
IN DER GNADE DES SCHICKSALS –

Sex

Ich seh' Dich jetzt so klar vor mir,
als ob es gestern erst gewesen wär'!
Du lagst vor mir in reiner Seide,
betörend und verführerisch
und in Deinem Gute–Nacht-Kleide...!

Der reinste Traum von einer Frau,
die personifizierte Versuchung,
die reinste Verführung
und mit Deinem schmachtend verloren' Blick
erwecktest Du den Mann in mir zurück!

Mit Kuss und Kuscheln wie im Traum,
mit Dir beisammen sein
und mich an uns're Nähe so sehr mit Dir zu freuen,
das steht mir jetzt noch bloß im Sinn,
und so gabst Du Dich mir hin!

Gefühle sprechen ohne Worte
aus des tiefsten Herzens Drang,
was die Seele an der Pforte
uns're reinen Liebe sang.

Und des Körpers äuß're Hülle
schenkt die Liebe voller Fülle,
in des Abends tiefer Stille
und das war der Liebessehnsucht Klang!

Von der Liebe

Die mit der Liebe bloß nur spielen,
lassen sich von ihrem Glanz verführen,
landen in des Opfers Rahmen
von verstecktem Interesse
und dessen Enttäuschung Blässe...

Doch auch in ihrer Heilung sonnen
lässt sie in der Vielzahl ihrer Wonnen,
in der Waage ihres Glücksgemüts
tilgt die leblos' lieblos' Zeit
in das Volle aus der Leerheit...
Und somit ist das Lebensziel erreicht!

Liebe als die beste Lebenstherapie,
bringt das Gleichgewicht zurück.
Nun der Antrieb in das Glück.
Ein erstrebenswertes Lebensziel,
schwer zu finden und auf Anhieb
braucht so wenig – schenkt so viel!

Sogenannt ‚Normalität'
– Dem Verkehrten nun entgegen –
wird es nie zu spät,
bleibt der Herzensruhe Segen...

Die Frage ist,
auf welche Seite man sich stellt...

und wer die Einstellung dazu wählt,
ob Gut oder ob Böse,
das Glück oder die Hölle,
und ob Lohn oder Hohn,
das hat man dann davon!

Ob Erwählter oder Opfer,
die Wahl, die ist gerecht
und es ist jedem freigestellt,
in welche Richtung er sich wählt,
wählt man gut oder man wählt schlecht...

Doch Gott ist Liebe, die verzeiht!
Die Liebe, wie sie ewig bleibt!

Und der Liebe Qual,
gibt's nun zweierlei an der Zahl,
Und bietet diese auch zur Wahl:

‚Schatten und auch Licht'
‚Licht oder Schatten?'

Das gibt es auch!
Gute Frage, heutzutage, damit steht man oft am Schlauch!

‚Licht und Schatten' ist Verzeih'n!
Doch:
‚Licht oder Schatten' ist Extremismus,
Glimmer, Glanz und Gloria, der auch immer mit muss!

Welche ist das Wahre dann?
Dann schon lieber ‚Licht und Schatten!'
So mag es der liebe Gott,
denn ‚Schatten oder Licht', ist eine Not!

‚Licht und Schatten' ist normal – damit kann man leben!
Das ist Genügsamkeit und keine Sucht!
Sie folgen aufeinander, wie Tag und Nacht
Und auf das Glück, das Unglück (und zurück).

Der liebe Gott, der hat es so gewählt
Des Menschen Weg, ihm so gefällt...
Sonst könnte der nicht unterscheiden
und würde im Dilemma bleiben...

Und der liebe Gott,
der liebt den Menschen auch in seiner Not,
so sehr, er schenkt ihm noch viel mehr,
dass er ihm die Freiheit gibt, doch selber zu entscheiden
wie auch zu verzeih'n, im Leiden!

So schuf er in seiner göttlichen Liebe,
um für immer so zu sein,
den Menschen gleich sich selber – seinem eig'nen Ebenbilde
Verantwortung – zu lieben und zu verzeih'n!

Im Gegenzug zu Hass, Gleichgültigkeit, Ignoranz,
Verantwortungslosigkeit,
wer will sich mit sowas rühmen und ständig Streit?
So schenkte Gott die Klassenfreiheit!

Ein Hoch auf unsere Liebe nun, mein Schatz!
Viel mehr besagt ‚Ich liebe Dich‘
Bekenntnis, Einheit, Gleichgewicht,
Anders, außer Gegensätzen, gibt's die Liebe leider nicht.

‚Zeit der Liebe‘ das sind Stunden uns'res Glücks,
das Brot der Liebe,
auf dem Boden unseres Lebens zurück,
Du, das Feuer meiner Sehnsucht,
auf dass es für immer so bliebe,
Deinen geliebten Namen ruft!

So treiben wir im Licht und Schatten,
zwei Seelen,
die auf den Augenblick ihrer Bestimmung warten…

Es hat mich noch niemand so erlebt wie Du!
Weil Du die Einzige warst,
weil nur Du mir die Chance dazu gabst!
Ja, das ist einzigartig mein Schatz,
so wie Du einzigartig bist!

Du bist ja auch mein Glück!
– Der Lohn meines Schicksals –
So gab die Liebe, mir das Glück meines Lebens zurück.
Du weißt das sehr zu schätzen,
dass Du die Einzige bist, die mich so erleben darf!
Ich liebe Dich mit Licht und Schatten!
Ich kann unser Wiedersehen kaum erwarten!

Warmer Sommerwind

Heut' bin ich so im Ungleichgewicht,
denn tausend Gedanken umkreisen mich
durcheinander, kreuz und quer
vor Unruh, dass ich Dich wiederseh'!

Bin wie erschreckt, aus diesem Traum
mit Dir aufzuwachen,
vor einem Sturm von Gefühlen der Sehnsucht,
die ständig Deinen Namen ruft!

Mich rausreißt in eine plötzlich ganz and're Realität.
Es wogen die Wellen so unstet,
der Freude, Erwartung dieses Augenblicks.
Er bringt Dir mich wieder zurück!

Unser Wiederseh'n,
uns in den Armen zu liegen,
zu drücken, aneinanderschmiegen,
die Erwartung und die Ungeduld,
sind an diesem, Allem schuld!

Bin wie auf einem Schiff im Sturm,
treib' ohne Kontrolle darin herum,
kein Ufer und kein Land in Sicht,
die Wellenbrecher am Rumpf mit haushoher Gischt.
Es donnert, es blitzt, es zischt,
steh' total unter Strom

komm' vor dem heulenden Sturm nicht mehr davon...
Es wälzt mich durch und durch und um!

Es kommt der Endspurt, ich sehe Dich
mit off'nen Augen, innerlich,
du, die Erfüllung, schwebst mir ständig vor
und schon öffnet sich das Glückstor...

Endlich seh' ich Dich dort, am Horizont,
wo das Glück unserer Sehnsucht wohnt,
endlich wieder Land in Sicht,
das Schicksal bringt das Glück mir wieder zurück!

Ich wandle träumend so umher,
die Wogen glätten sich im Meer,
uns're Herzen aneinander lehnen,
sich nicht mehr verlassen wähnen,
uns're Gefühle verschmelzen, uns so nah,
die traute Zweisamkeit ist wieder da,
dann schauen wir uns so glücklich an
und erleben uns'rer Liebe Drang!

Den Traum zu leben
und nicht im Leben träumen,
gilt's den Sinn des Traumes
im Lebenstraum nicht versäumen!

Traumpaar

Sind wir zwei ein Traumpaar?
Ich denk' schon irgendwie!
Wir lieben, kuscheln, träumen
und wir streiten nie!

Wenn wir uns sehen, ist es mit Lächeln
und mit Liebesweh im Blick
und mit dem steten Blick nach vorne,
blicken wir niemals zurück!

Auch sind wir niemals einsam,
sind wir doch stets gemeinsam,
und an dem blauen Horizont,
weht der Wind die Wolken fort!

Stets füreinander da zu sein
und sich gemeinsam des Lebens zu erfreuen,
den Anderen so zu lieben, wie er ist,
wenn man gegenseitig die Achtsamkeit nicht vergisst!

Dem Anderen zuhören oder sprechen
über gemeinsame Interessen...

Sich voller gegenseitigem Vertrauen
liebend in die Augen schauen.

Den Anderen zu unterstützen,
ihn bei seinen Träumen zu beglücken,
eine gemeinsame Zukunft aufzubauen!

Einfach nur glücklich miteinander sein,
auch dem Anderen zu verzeihen.

Gemeinsam träumen,
aber auch zusammen weinen,
sich nach einem eventuellen Streit,
bloß wegen einer Meinungsverschiedenheit,
versöhnen und nicht nachtragend sein
und sich dann wieder zu vereinen!

Zusammen lachen
und auch verrückte Sachen machen,
sogar erfrischend' Liebesübermut,
ist das, was im Gleichklang dann,
dem Herz' und Seele Gutes tut!
Ja und dann?
Fangen wir wieder von vorne an!

Von Hannelore & Erwin

Abschied

Der Anfangsfreude heißem Sehnen
folgten uns'res Abschieds heiße Tränen...

So ward der Seele anfangs Schwingen
zu der des Flusses Tränenschwimmen
und nie der Seele Liebestränen
so schwer erlosch beim Abschiednehmen!

Nie war es so, dass ich ihn mehr bereute
und mir das Leid und Dein Verlust so schwer
und Trauer ging voll' Schmerz einher!

Gefühle, gingen in die Vollen
und alles, was noch einst so gut,
das geriet sogleich in's Rollen,
ward einfach nur so weggeschwemmt,
riss alles in den Abgrund mit.
Der Boden geriet ins Wanken
Ich verlor den sich'ren Tritt
Der Hochflug, der den Absturz kennt
und Tränen rollten ohne Schranken...

Der vormals so stabile Eindruck
ward zur Klippe eines Bruchs,
alle Hürden schwanden,
Kontrolle kam ans Limit.
Ich konnt' es nicht mehr halten,

Licht wandelte sich zu Schatten
und es kam noch grauer,
die Freude ward zu Trauer!

Ja es ist wahr – und es ist schlimm!
Drum sag' ihnen nicht, dass ich so weine,
sonst weinen wir alle, sag' es Keinem!

Ich liebe dich so sehr, es schmerzt so sehr
und Tränen geh'n mit mir einher,
der Schmerz, der wollte mich zerreißen,
er wollte einfach nicht mehr weichen...

AW: Ich liebe dich doch auch so sehr
und es tut auch so unendlich weh,
wenn du dann kommst und wieder gehst!

So liebevoll zu Dir,
doch mein Verstand, der ist so leer,
drum Abschied so als solchen,
den seh' ich nun nicht mehr,
Weil er sich ständig wiederholt,
– Monotonie und Schmerz –
Ich vom Gleichgewicht verlor...

Dann schon lieber keinen Abschied nehmen
und ohne Abschied voneinander geh'n!
Indianer nehmen keinen Abschied, weil sie wissen,
dass sie sich eines Tages wiedersehen!

Nie liebte ich Dich mehr als heute,
nie fiel der Abschied mir so schwer,
doch so sehr mein Geh'n ich auch bereute,
wird die Freude meiner Wiederkehr!
Und uns're Liebe reife Frucht,
die ihresgleichen Sehnsucht sucht!

Der Liebestraum

Gefühle und Vertrauen
steuern unsere Liebe,
unsere Herzen sind beisammen,
Der Verstand, oder der Wille
sind machtlos, da was anzufangen,
angesichts der haushoch züngelnden Flammen,
auf dass es stets so bliebe!

Da Du doch viermal besser bist,
als jede and're Standardfrau
– Und das noch nicht mal reicht –
So fühlt mein Herz es ganz genau
und es kommt keine an Dich ran,
denn das ist gar nicht mal so leicht,
so ziehst Du mich in Deinen Bann!

Die einzig' Ausnahme meines Lebens
warst Du so bislang
und das war der ausschlaggebende Moment,
denn ich suchte nicht vergebens,
das Schicksal brachte Dich entlang,
weil es doch die wahre Liebe kennt.
Alles andere war banal
und alles weitere wär' fatal!

Du bist so unverhofft und neu,
die Liebe war sich selber treu.

Die Grundvertrautheit und das Glück
Mein Lebensgeschenk, Du kamst zurück!

Tiefster Glaube, tiefste Liebe!
Oh Du Schicksalstraum,
der so zur Fügung ward
und sowas, was ich gläubig tat,
ich fasse es von damals kaum,
ich träumte weiter – nur mit Dir!
Deine Liebe und die Gnade nun bei mir,
des Schicksals, haben mich geheilt.
Es schenkte mir die wahre Liebe
und wir haben sie uns geteilt!

Zahlen der Realisten ganz alleine,
bringen Einsamkeit, Ergebnis keine,
Weil Berechnung Egoismus ist,
die mag der Gott der schenkenden Liebe nicht!

Und wie gar so oft und unverhofft,
mit Gefühlsamputation bestraft,
stauben die Gefühle ein...
Darum sagt ER:
„Bloß echte Liebe hat Charakter!
Was Anderes ist nur verlorene Zeit!“

Wir nahmen die Abkürzung durch das Echte
und die war nicht mal die Schlechteste!
Sie überdauert Raum und Zeit,
es ist unsere Ewigkeit!

Wiedersehen und Abschied

Die Eile und die Folgen der Eile sind auch ein Problem.
Mehrere Sachen gleichzeitig zu machen,
ist auch ein menschliches Problem
und ist halt auch nicht mehr meine Stärke
– Und hab' es auch nie geliebt! –

Ich versuche auch, es möglichst bei der Gemütlichkeit zu belassen,
denn durch die Eile kommt ja der Stress.
Und die Auswirkungen der Geschwindigkeit
haben wir ja auch beim Abschied gesehen.
– Das war der Preis unseres Wiedersehens! –

Obwohl, unsere Wiedersehen würde ich niemals missen wollen
und auch egal, wie es dabei aussehen möge,
denn der Kontakt ist die heilenste Therapie unseres Glücks!

Das war der Antrieb für mich, alles auf mich zu nehmen,
was auch geschehen möge!
– Geschah es doch aus reinster Liebe und reinster Sehnsucht!
Es war elektrisierend – auch wenn es mich verbrannt hat...
Trotzdem bleibt es so unvergesslich und teuer!
Die Erinnerung ist unschätzbar
und gehört zu den Schätzen der Liebe!
Unsere Liebe ist mir das alles wert!

Und das Wichtigste:
solche Erinnerungen kann uns niemand rauben!
Ich liebe Dich so sehr mein Schatz!
Ich wünsche mir so sehr unsere Zeit!
Nun läuft unsere Zeit schon ganz anders, als vor vielen Jahren!
Das ist das Problem!
Hoffentlich läuft sie uns nicht davon...

Zum Glück weiß man nicht, was wann immer passieren kann...
Das ist eine meiner Sorgen!
– Sorge um Dich –
– Sorge um mich –
– Sorge um uns zwei –
Diese Sorge ist einfach da
– Es ist die Sorge um unser Glück! –
Früher konnte man die Sorge nicht so ernst nehmen
und hat sie anders wahrgenommen,
da war das eher nebensächlich!

Aber meine Sorge nimmt ständig zu, leider,
denn die Reserven lassen einfach nach
und sie regenerieren sich auch nicht mehr.
Darum werfe ich Ballast ab, wo ich es nur kann
und selbst, wenn ich mich vor der Welt verschließe,
die sich mir täglich aufdrängt!

Meine Welt wird kleiner
So vieles ist überflüssig, und:
Mit Dir fehlt mir so wenig!
Ohne Dich geht es kaum noch ohne Schmerz!

– Die Gefühle treiben einen um –
Man frägt sich,
warum so vieles um einen herum so dermaßen überflüssig ist
und sieht man ein glückliches Paar,
dann weiß man auch die Antwort!
Worte sind dann schon überflüssig!

Nähe ist dann Glück!
Und umgekehrt: Glück ist Nähe, Gemeinsamkeit
und dabei schwinden dann die letzten Grenzen!
Selbst die Umgebung ist dann egal!
Und alle möglichen Umstände ebenfalls!

Kein Wunder, bei unserem Magnetismus!
Und positiven Emotionen!
Mög Dir alles gelingen!
Alles Liebe!

Zeitlose Momente

Manche glauben nicht mehr an die Liebe
– Nicht jedenfalls an die Liebe, an die wir glauben. –
Ihnen fehlt die Überzeugung der Liebe.
Zu groß war die Bitterkeit...
Sie haben zu viel Argwohn.
Sie können sich nicht mehr in der Liebe fallen lassen
und sich ihr hingeben.
– Sie sehen die Liebe als Problem –
Wir sehen die Liebe als Gefühlsneigung, der wir uns hingeben.
So finden wir eine Bestätigung darin,
während andere leider daneben stehen...
Das ist entsetzlich traurig!
Das sind Menschen, welche Trost brauchen!

***

Herrschaftliche Häuser
Luftaufnahmen, mit tollen Landschaften ringsherum!
Märchenhafte Bauten.
Da kann so gar kein Stress, keine Eile
und keine Hektik dabei aufkommen!

Da wär' ich jetzt sooo gern mit Dir!
Und Händchenhalten
und still küssen
und gemütlich einen Wein trinken...

Wahnsinn – ein Schloss am Meer!
Das ist toll. Traumhaft!

Als ob das Meer allein nicht ausreicht
– da muss auch noch ein Schloss her!
Ja genau!

Nur wir beide und mit einer Flasche Rotwein!
Ich war noch nie in der Toskana
und mit einem Lächeln in den Augen
küssen, auch deine Knie streicheln!
Und hintenrum die gesunden Porundungen!
Warum nicht Deine Hüften an mich drücken?
Ist doch sauber!
Nicht schlecht!
Nicht schlecht, das bedeutet es ist gut.
Das bedeutet sehr gut!

Mein Schatzi, ich fühl ' Dich neben mir
und gleich ist alles so gut.
Ich bin sofort so glücklich, wenn Du neben mir bist!

Du bist wie ein anderes Leben für mich
Du bist das Wunder meines Lebens mein Schatz!
Mein Schatz, Du bist mein Lebenstraum!
Ich fühle das Glück mit Dir so, als würde ich es anfassen!
Du bist das Glück meines Lebens!
Es konnte gar nicht anders kommen,
als dass wir zusammenfinden!

Du bist mein lebendes Paradies mein Schatz!
Es kann gar keinen besseren Lebenszweck geben, als Dich!

Das Bekenntnis unserer Liebe

Wir sind unserer Liebe so dankbar,
Für die schönste Lebenszeit,
Welche diese uns nun schenkt!

Und wir gewähren ihr Vorrang,
weil sie die Rettung
aus einem bislang unerfüllten Lebensweg bedeutet,
Wobei es sich eher in Liebe leben und zu sterben lohnt,
als ohne diese.
– Was sonst ein sinnloses Leben gewesen wäre –
Also lassen wir unsere Liebe nun für den Lebensrest
entscheiden!
Sie ist nun unser erfüllter Lebenszweck zum Glück.
– Für den Rest unserer Zeit –

Somit wünschen wir diese kosmische Urkraft der Liebe
ebenfalls Jedem und Allen,
die ebenfalls auf deren Suche sind
und sie als die Erfüllung ihres Lebensweges ansehen!

Möge sich die ewige Kraft der Liebe
in ihrer Gnade allen Suchenden unterbreiten
und diese sich vertrauensvoll und getrost von ihr führen lassen
– Sie ist Befreiung –

Der Höhenflug

Es ist schwer, das Kommende vorauszuschauen,
man weiß nie, wie's einem so geschieht,
denn es lässt nicht auf sich bauen,
selbst wenn man weiß, dass es passiert...!

Manchmal fühle ich mich wacher
und anders aktiv, als davor,
bloß die Ruhe und die Gelassenheit
bewahren die Substanz der Zeit
und der Geist sieht etwas klarer...!

Du mein Ruhepol, bist alles, was ich will
und bist und bleibst mein Sehnsuchtsziel!

Auf ihren endlosen Straßen,
fühlt die Welt, als ob die Zeit zerrinnt
beginnt die Äußere still vor der Inneren
immer mehr zu verblassen,
die sich still im Raum vertieft...
Und ihrem Grundsatz Charakter gibt,
ich entsage ihr, so als ob sie mir entwich...

Die innere Welt, sie wächst,
die äußere Welt, sie schrumpft.
Es geht um Liebesklarheit der Vernunft,
ein inneres Leben und Erleben,

so transzendiert der Geist den Raum,
schafft seine Wahrheit für den Traum!

Die innere Welt gewann schon längst die Überhand,
die Welt der Gefühle, der Liebe und der Phantasie
und in ihrem Liebestraumland
der Innigkeit, der Harmonie und Poesie!

Eine Art traumgleichen Schwebens,
das ständig lichter wurde in dem Aufwärtsdrang
der Liebe unseres Lebens,
in ihrer Vehemenz
– Die Welt nun unterliegt –
Man wird immer leichter – als ob sich die Nebel weiter lichten
und das Außen ward besiegt,
vor der Strahlung uns'rer Liebe,
ihre Strahlkraft ist immens!

Loslösung von dem ganzen Trägen, Starren,
frei vom Auf und Ab des Alltagsgebaren,
die Verflüchtigung vor der Essenz des Wahren!
Weichheit, Leichtigkeit, Dynamik,
in einem unendlichen Zerfließen.
– Transzendenz –
Vor der Essenz des ehemals Starren,
ein endloser Vorgang, der abheben lässt,
ein Ballon, der steigt und weitet sich, so hoch im Raum.
Die ehemals starre Realität wird so zum Traum!
– Und federleicht schwebt man davon –

Die Wolken, an die man stößt,
sie lösen sich auf
und verflüchtigen sich,
die Sicht wird immer klarer,
die Gefühle immer wahrer,
man verspürt den erweiterten Überblick...

Es gibt soviel dazu zu sagen,
von jenen, die das Ziel bewahren,
denn ihre Seele, die ist fröhlich.
Die Grenzen zerfallen
und alles Leid von dieser Welt,
dann am Himmelszelt zerschellt
und wird verzeihlich!

Man lässt Alles unter sich
– auch Höhenflug genannt –
Die Reise durch das innere Ich
– der Liebe Traumland –
Erhebt von Allem, was unerheblich ist,
drei Worte bleiben, derer drei unsterblich:
‚ich liebe Dich'

***

Das Glück – es verwirklicht sich!
Die Liebe – sie verewigt sich!

Liebe Hannelore, zum Geburtstag viel Glück und ein langes Leben!

Geburtstagsglück

Liebe ist wie ein Magnet,
der alle formenden Dinge anzieht,
Problemlöser ist, bei jenen,
wo's um Zweisamkeit geht
und um's Glück von jenem Sehnen,
das der Endlosigkeit vorschwebt
und der Seele Frieden gibt!
Mein Liebes, behalt' Dein sonniges Gemüt!
Bleib' so wie Du bist und stets im Gleichgewicht!

Mögen die Verstrickungen von uns abfallen
und wir uns im reinen Land unserer Liebe
und unserer Träume wiedersehen
und es verwirklichen!
Dann haben wir die Krone unseres Lebens erreicht!
Dazu und dabei sind wir ja schon auf dem Weg!
Ein Weg, den die Liebe liebt!

Und selbst für diesen einen Tag,
hätte sich das Leben schon gelohnt!
Und mögen es noch mehr und sogar viele davon sein,
die sich ewig aneinanderreihen,
uns am Leben und unserer Liebe zu erfreuen!

Ohne die Schönheit
– welche nur die Reife der Seele sein kann –
hat die Liebe keine Chance
und ihre Tiefe
kann bloß von der Reinheit der Seele abhängig sein!

Alles Liebe, Dein Erwin und: Bin bei Dir!

Wiedersehensfreude und Abschiedsweh

Ach Du meine Geliebte,
Wiedersehensfreude und Abschiedsweh!
Wie lang mag das noch weitergeh'n,
bis wir uns endlich wiederseh'n?

Abschiednehmen, Liebesweh,
immer weiter dreht der Kreis,
der keinen Anfang und kein Ende weiß...

Ich lieb' Dich doch so sehr
und bin so gern bei Dir!
Voller Liebe, Freude,
keinen Augenblick,
den ich je mit Dir bereute!

Das Schicksal gibt und nimmt.
Der Traum wird wach und schwimmt.
Die Zeit, die nimmt und gibt.
Der Augenblick der rinnt...
Du bist mein Glück, das stimmt!

Eherne Liebe

Du bist mir so vertraut, wie nichts auf dieser Welt!
Die blassen Schatten, die geblieben,
von denen, die ihre Realität
durch die Verdrängung stets vermieden,
hat uns're Liebe fort, hinweggeweht!

Sie wandern stets auf dunklen Pfaden,
welche das Licht der Liebe stets vermied.
Sie sahen nie das Licht der Liebe,
die vor diesen Schatten flieht!

Sie hörten nie das Lied der Sehnsucht,
das nach ihresgleichen Liebe sucht,
fort, zogen sie dahin und stehen im Schatten,
wo der Dämmerung Verhängnis ruft!

Was haben wir noch zu verlieren,
die wenigen Stunden unseres Lebens,
die uns für den Rest verblieben
und sind im Traume uns're Liebe
ehern dabei fest geblieben!

Zu wenig vom Leben

Es bleibt uns zu wenig vom Leben Geliebte!
Mehr wär' besser gewesen,
mehr ‚gemeinsam' meine ich!
Und noch präziser:
Mehr und länger gemeinsam!

Deshalb achte ich das Gemeinsame so hoch,
– Immer noch besser wie nichts –
– Der einzige Trost –
Wieviel Zeit bleibt uns noch?
Das ‚Längere' an ihr, das fehlt!
Und das ist das Einzige, was noch zählt!

Uns bleibt nur noch die jetzige Zeit,
– Der Augenblick –
Nichts anderes setzt unsere Fehler zurück!
Eine weitere gibt's nicht mehr...
Sie ist die letzte Rose für uns.

Ruhiges Glück, ist besser als ausgelassenes Glück,
weil es tiefer ist und reiner,
Es bringt die Qualität zurück
und die schenkt uns sonst Keiner!

Ich möchte verliebt sterben, nicht versauert.
Zu wenig vom Leben – zu viel verschenkt!
Die Zeit ist es, die es uns nicht verzeiht
und wieder Zeit ist es,
die uns vom Glück noch bleibt
und die Liebe, die uns zum Glück befreit!

Die Urkraft und das Liebeslicht

Ich freu' mich schon so sehr auf Dich
– Wie an uns'rem ersten Tag –
Wie das erste, reine Gefühl,
sich bei uns'rem ersten Seh'n auftat
und alles, was so sehr an Dir ich mag!

Wie auf uns'ren ersten, reinen Kuss,
der sich dieser Sehnsucht, die so endlos
und uns'rer Liebe sich erfüllen musst'
– die schon ewig Deinen Namen ruft' –
und sich ihrer nicht entzog!

Der Durst der Liebe – Ewiglich –
und zeitlos unbegrenzt,
er stillt sich nie
und stets voller Vehemenz,
der Drang nach Deiner Nähe
bestimmt meine Existenz!

Der Magnetismus uns'rer Liebe,
aus der Urkraft jener ew'gen Schöpfungsmacht,
sich unbeirrt den Weg der Nähe schafft,
sich allen Wirrnissen entgegenstellt,
die Normen uns'res Daseins neu aufstellt,
das Liebeslicht uns'rer Herzen erhellt,

– Die Erfüllung uns'rer Sehnsucht danach war –
und die Krone jener Zeit,
die für immer und auf ewig bleibt!

Ich danke Dir für Deine Liebe!

Du weißt, dass ich Dich sehr liebe
und dass Du mir alles bedeutest
und ich wünschte mir,
dass es für immer so bliebe!

Manchmal schmerzt mein Herz so richtig,
weil wir nicht in echt zusammen sind.
Dabei ist mir das so wichtig!

Auch wenn ich tagsüber nicht immer gleich antworte,
so ich doch stets an Dich denke,
aber ich bin jede Sekunde meines Lebens bei Dir
und weil ich meine Gedanken Dir schenke,
drum bist Du auch stets bei mir!
Deine Hannelore

Aw Erwin:
Ja wir sind beieinander
und es ist wie auch immer es sein mag
sehr schön und ich möchte es nicht missen
und daran denke ich jeden Tag!
Dein Erwin

Wahre Liebe

Bei wahrer Liebe - und ist man dafür auch bereit,
bedeutet jede Trennung Leid,
denn Liebe, die braucht Zweisamkeit,
die man im Gegenzug
nicht hoch genug wertschätzen kann,
war sie doch in unserer Gemeinsamkeit
unsere glücklichste Zeit,
und war es wie immer mit & bei Dir
drum Herzensdank sei Dir dafür!

Wahre Liebe, das ist kein Geschäft,
das sich schnell erledigen lässt
und solche Liebe, die Papiere braucht, ist fehl,
sonst entfremdet sie sich schnell.

Wahre Liebe, die braucht Herz und keine Normen,
braucht keinen Käfig
und bloß den Rahmen,
dann wird uns das Schicksal gnädig
und lenkt die richtigen Bahnen.

Wahre Liebe braucht auch keine Worte,
denn erst Liebe ohne Worte,
öffnet der wahren Liebe Pforte.

Für Deiner Liebe Zärtlichkeit,
hat sich schon lang mein Herz befreit,

so sind wir füreinander bereit,
für uns'rer Liebe Ewigkeit.

Und in der Stille liegt das Glück
der Hoffnung meiner Sehnsucht,
wo Deiner schöner Augen Blick
mich in Deine Nähe ruft !

So findet auch der wahren Liebe Glück
diese richtig zu verschenken,
zu einem selber dann zurück,
denn Liebe, die man nicht verteilen kann,
kommt niemals beim Empfänger an !

Ich fühl' mich so wohl in Deiner Liebe
und Du bist mein Lebensglück,
gabst Du mir doch durch Deine Liebe
mir meine Lebensfreude auch zurück!

Sind wir verliebt,
dann bleibt es immer gleich
und wir verweilen stets
in unserem Himmelreich,
es bleibt für immer stets bestehen
und so, als wär' was anderes nie geschehen !

Bin in liebevoller Sehnsucht bei Dir !